Inhalt

Betriebliche Weiterbildung - im Feuer der Kritik

Kernthesen

Beitrag

Fallbeispiele

Weiterführende Literatur

Impressum

Betriebliche Weiterbildung - im Feuer der Kritik

M.Reiner

Kernthesen

- Betriebliche Weiterbildungen sind in den letzten Jahren vermehrt ins Kreuzfeuer der Kritik geraten. Immer mehr Führungskräfte sind der Ansicht, dass sie keinen Erfolg bringen.
- Dabei ist gerade in Krisenzeiten die Weiterbildung der Mitarbeiter ein wichtiges Instrumentarium, um die Leistungs- und Wettbewerbsfähigkeit der Unternehmen zu steigern. Nur wenn die Kompetenzen der Mitarbeiter richtig entwickelt werden, sind sie für die zukünftigen Herausforderungen

der Firmen gerüstet.
- Wie Studien belegen, liegt das Hauptproblem bei der Weiterbildungen im der Transfer des Gelernten in den Unternehmensalltag. Damit dieser gewährleistet wird, müssen Führungskräfte, Trainer und Mitarbeiter eng zusammenarbeiten und wichtige Grundregeln befolgen.

Beitrag

Vor allem in Krisenzeiten sparen Unternehmen vermehrt an der Weiterbildung ihrer Mitarbeiter. Zurecht, meinen viele Führungskräfte, die Weiterbildung für Verschwendung halten. Doch Experten raten: Wer seine Mitarbeiter jetzt mit dem notwendigen Know-how rüstet, hat auf Dauer im Wettbewerb die Nase vorne.

Weiterbildung steht in schlechtem Ruf

Laut einer Umfrage des Instituts der deutschen Wirtschaft Köln (IW) unterstützen 84 Prozent der Deutschen Firmen betriebliche Weiterbildungsmaßnahmen für ihre Angestellten.

Durchschnittlich 1 000 Euro pro Kopf geben sie im Jahr pro Mitarbeiter aus. Insgesamt werden jedes Jahr ca. 27 Milliarden Euro in die Weiterbildung investiert. Mehr als die Hälfte der Befragten misst der betrieblichen Weiterbildung einen hohen Stellenwert zu. (2), (6), (12)

Trotz dieser Zahlen hat die Weiterbildung mit einem schlechten Ruf zu kämpfen. Nicht zu unrecht, wie eine Studie vom Swiss Center of Innovations in Learning beweist: 77 Prozent der Seminarteilnehmer schaffen es nicht, die gelernten Inhalte in ihren Arbeitsalltag zu transferieren. (12)

Dass Weiterbildung nichts bringt außer Kosten, glauben auch viele Führungskräfte. Dies wurde in einer Umfrage der Unternehmensberatung German Consulting Group unter 325 Führungskräften herausgefunden. 80 Prozent der Manager schicken ihre Mitarbeiter regelmäßig zu Weiterbildungsmaßnahmen. 60 Prozent registrieren nach Abschluss der Softskill Trainings keine Weiterentwicklung des Mitarbeiters oder einen Mehrwert für das Unternehmen. Studien belegen, dass die Teilnehmer nach 24 Stunden den Großteil des gelernten Stoffes bereits wieder vergessen haben. (2)

Weshalb schicken die Manager ihre Mitarbeiter dann

überhaupt auf Schulung? Der Hauptgrund liegt an den Budgets und Vorgaben der Personalabteilungen, glaubt Bors Liffers, Geschäftsführer der German Consulting Group. Beobachtet wurde auch, dass die Weiterbildungen bei ansteigender Konjunktur zunehmen und bei Abschwung abnehmen. Dies lässt darauf schließen, dass sich die Wertschätzung der Weiterbildungsmaßnahmen am Umsatz der Unternehmen und weniger am tatsächlichen Bedarf orientiert.

Schlecht schneiden in den Studien auch die Vorgesetzten ab, obwohl sie maßgeblich am Erfolg der Weiterbildungen beteiligt sind. Nur fünf Prozent der Führungskräfte kümmern sich aktiv um die Fortbildungen ihrer Mitarbeiter. Und nur ein Drittel kontrolliert aus Zeitmangel das Gelernte anhand von Gesprächen aktiv nach. (2), (5)

Erfolgreich weiterbilden

Viele Experten halten es für falsch, in Krisenzeiten Budgets für Weiterbildungen zu streichen. Diese haben schließlich zum Ziel, die Leistungs- und Wettbewerbsfähigkeit der Firmen zu steigern. Nur wenn die Kompetenzen der Mitarbeiter richtig entwickelt werden, sind sie für die zukünftigen

Herausforderungen der Firmen gerüstet. (1)

Damit Weiterbildungen Erfolg haben, müssen Führungskräfte, Trainer und Mitarbeiter zusammen an einem Strang ziehen. Folgende Punkte sollten dabei beachtet werden. (4), (13)
- Zielvereinbarungen: Weiterbildung muss sich am Einzelnen orientieren. Nur wenn die Defizite der Arbeitnehmer offen diskutiert werden, können die richtigen Maßnahmen getroffen werden. Ebenso ist es wichtig, dass die Vorgesetzten genau definieren, wohin sie steuern möchten und was erreicht werden soll.
- Anwendung: Das Gelernte verpufft, wenn es nicht regelmäßig angewandt wird. Arbeitnehmer müssen Zeit haben, das Gelernte umzusetzen und sollten dabei auch Fehler machen dürfen. Sinnvoll ist es, wenn der Schulungsteilnehmer den Kollegen das Gelernte weitervermittelt oder in Teammeetings diskutiert. Haben mehrere Angestellte an einer Weiterbildung teilgenommen, wäre es gut einen Maßnahmenkatalog zur Umsetzung des Erlernten aufzustellen. Von großem Vorteil ist es, wenn der Trainer ein umfassendes Lernkonzept erstellt, das bis zu einem halben Jahr dauert. Bestenfalls kommt er in das Unternehmen, um die Übungen am Arbeitsplatz zu wiederholen.
- Reflektion: Um zu eruieren, ob die Weiterbildung erfolgreich war und wo die Defizite lagen, müssen die

Arbeitsergebnisse überprüft werden.
- Wahl des Trainers: Letztendlich hängt der Erfolg maßgeblich vom richtigen Trainer ab. Deshalb müssen die Vorgesetzten mit dem Trainer die Ziele besprechen. Um Transferprobleme zu vermeiden, sollte der Trainer die Weiterbildung so aufbauen, dass sie den realen Arbeitsalltag des Teilnehmers widerspiegelt.

Fallbeispiele

Eine vom VDI Wissensforum in Auftrag gegebene Studie belegt, dass für Ingenieure in Deutschland zu wenig Weiterbildungen angeboten werden. Vor allem mittelständische Unternehmen verzeichnen ein großes Defizit und schätzen das Potenzial ihrer Fachkräfte nicht richtig ein. Ein Manko ist vor allem, dass die Personalabteilungen nicht wissen, welche Qualifikationen die Ingenieure in ihren Positionen aufweisen müssen. So haben beispielsweise viele von ihnen Personalverantwortung, ohne dass sie jemals darauf vorbereitet wurden. (8)

Wie Unternehmen in Deutschland mit den Weiterbildungsetats ihrer IT-Abteilungen verfahren,

eruierte die Computerwoche in einer Umfrage. Gespart wird vor allem bei den Softskills, so die Ergebnisse. Außerdem finden die Schulungen vermehrt in den Unternehmen statt, um Bildungsausgaben zu senken und Reisekosten zu sparen. Der Kamerahersteller Olympus hält seine Mitarbeiter an, das in Schulungen gelernte Wissen an die Kollegen weiter zu geben. Der CIO der Bitburger Brauerei will an anderen Stellen sparen, wie z.B. bei den Wartungsverträgen oder der Betreuung der Endanwender. Um dennoch die Ausgaben einzuschränken, finden auch bei Bitburger die Kurse inhouse statt und werden von Kollegen oder externen Dozenten abgehalten. Gute Erfahrungen konnte der CIO vor allem mit Web-Training machen.
Das Unternehmen Drees & Sommer bemüht sich Verschwendung zu eliminieren, anstatt an der Weiterbildung zu sparen. Ein eigenes Team analysiert und verbessert Prozesse und schafft z.B. Missstände in der Arbeitsorganisation ab. (3)

Im europäischen Vergleich liegt Deutschland mit einer Weiterbildungsrate von 35 Prozent weit hinter Frankreich und Schweden mit 46 Prozent. Studien belegen, dass dadurch der deutschen Volkswirtschaft hochgerechnet auf alle Arbeitnehmer jährlich ein Wertschöpfungspotenzial von 4,5 Milliarden Euro entgeht. (7)

Richard Gris arbeitet seit fast zwanzig Jahren als Trainer, Berater und Coach. In der Süddeutschen Zeitung liefert er einen Exkurs zu seinem viel diskutierten Wirtschaftsbestseller Die Weiterbildungslüge. Warum Seminare und Trainings Kapital vernichten und Karrieren knicken. Darin beschreibt er, warum Weiterbildungen sinnlos sind und woran die meisten Lerneffekte scheitern. Außerdem äußert er sich zu neuen Ansätzen, wie z.B. der Transfercoaching-Flatrate, bei der Unternehmen externe Coaches buchen können, die für eine Zeit lang im Unternehmen verweilen und die Mitarbeiter zu Pauschalpreisen vor Ort schulen. (12)

Ab März bietet Mercedes-Benz neue Seminare für Berufskraftfahrer an. Die Teilnahme kann in einem Crashkurs oder im Blockunterricht erfolgen. Hintergrund ist die ab September geltende Vorschrift, dass alle Fahrer Weiterbildungen nachweisen müssen, die im Führerschein notiert werden. Bei Zuwiderhandlung drohen den Fahrern Strafen bis zu 5 000 Euro. (9)

Lernen ist keine Frage des Alters, sondern der Gewöhnung. Aufgrund dieser Erkenntnis hat der Automatisierungs-Spezialist Festo das Lifecycle-Management-Projekt ins Leben gerufen. Ziel ist es, die Mitarbeiter bis ins hohe Alter zu motivieren und körperlich sowie geistig leistungsfähig zu erhalten.

Jährlich investiert das Unternehmen rund 1,5 Prozent des Umsatzes, um junge und alte Mitarbeiter weiterzubilden. Das Konzept, das im Jahre 2007 vom Bundeswirtschaftsministerium ausgezeichnet wurde, basiert auf den Instrumentarien lebenslanges Lernen, Einsatzflexibilität, betriebliche Gesundheitsförderung und Wissensmanagement. Um die Maßnahmen erfolgreich umzusetzen, werden die Führungskräfte in einem Sensibilisierungs-Workshop auf ihre Aufgaben vorbereitet. (14)

Seit dem 1. Dezember 2008 unterstützt die Bundesregierung bildungswillige Erwerbsfähige mit einer Bildungsprämie. Diese besteht aus drei Säulen: Dem Prämiengutschein, der seit Dezember vergeben wird. Dem Weiterbildungssparen, das zum 1. Januar 2009 in Kraft tritt, und dem Weiterbildungsdarlehen, das im Frühjahr eingeführt werden soll. Einen Leitfaden für die Förderinstrumente gibt es von der Stiftung Warentest und kann kostenlos im Internet unter www.test.de/weiterbildung heruntergeladen werden. (11)

Weiterführende Literatur

(1) O.V., Personalförderung ist Chefsache, NZZ am Sonntag, Nr. 45 vom 9.11.2008, Seite 115
aus Die SparkassenZeitung, 20.02.2009, Nr. 08, S. 16

(2) Weiterbildung in der Sackgasse
aus VDI NR. 03 VOM 16.01.2009 SEITE 15

(3) Lernen auf die schlanke Art
aus Computerwoche, 23.01.2009, Nr. 04

(4) Beispiele aus der betrieblichen Erfahrungswelt
aus Stuttgarter Zeitung, 17.01.2009, S. 48

(5) Weiterbildung steht in der Kritik
aus Lebensmittel Zeitung 47 vom 21.11.2008 Seite 039

(6) Jetzt ist Zeit für Weiterbildung
aus Verkehrs Rundschau, Heft 06/2009, S. 31

(7) Wetterfest mit Weiterbildung
aus Handelsblatt Nr. 231 vom 27.11.08 Seite b04

(8) Studie des VDI Wissensforum
aus Elektronikpraxis Nr. 021 vom 04.11.2008 Seite 052

(9) Mercedes-Benz bietet Kurse für Berufskraftfahrer
Im Rahmen der neuen Weiterbildungspflicht für
Berufskraftfahrer bietet Mercedes-Benz ab 1. März
neue Seminare und Trainings in Wörth an.
aus MOTOR-INFORMATIONS-DIENST vom
06.Februar 2009

(10) Neue Logistik-Akademie
aus Verkehrs Rundschau, Heft 48/2008, S. 34

(11) Weiterbildung Neue Prämie
aus Junge Karriere Nr. 01 vom 01.01.2009 Seite 68

(12) Warum Seminare sinnlos sind

aus Süddeutsche Zeitung, 06.12.2008, Ausgabe Deutschland, Bayern, München, S. V2/9

(13) Auf Kurs gebracht // Viele Seminare bringen nichts, behaupten manche Fachleute. Wann sich Weiterbildung dennoch lohnt
aus Der Tagesspiegel Nr. 20066 VOM 26.10.2008 SEITE K14

(14) Chancen mit Erfahrung Bis ins hohe Alter motivierte und geistig sowie körperlich leistungsfähige Mitarbeiter: Das zu erreichen, hat man sich bei Festo zum Ziel gesetzt. Das Lifecycle-Management-Projekt trägt dazu bei, dass alle im Unternehmen den Themen Lernen, Altern und Leistung positiv und offen gegenüberstehen.
aus MM MaschinenMarkt Nr. 001 vom 05.01.2009 Seite 023

Impressum

Betriebliche Weiterbildung - im Feuer der Kritik

Bibliografische Information der deutschen Nationalbibliothek

Die Deutsche Nationalbibliothek verzeichnet diese Publikation in der deutschen Nationalbibliografie; detaillierte bibliografische Daten sind im Internet über http://dnb.d-nb.de abrufbar.

ISBN: 978-3-7379-0938-9

© 2015 GBI-Genios Deutsche Wirtschaftsdatenbank GmbH, Freischützstraße 96, 81927 München, www.genios.de

Alle Rechte vorbehalten. Dieses Werk ist einschließlich aller seiner Teile – z.B. Texte, Tabellen und Grafiken - urheberrechtlich geschützt. Jede Verwertung außerhalb der Grenzen des Urheberrechtsgesetzes bedarf der vorherigen Zustimmung des Verlags. Dies gilt insbesondere auch für auszugsweise Nachdrucke, fotomechanische Vervielfältigungen (Fotokopie/Mikroskopie), Übersetzungen, Auswertungen durch Datenbanken oder ähnliche Einrichtungen und die Einspeicherung und Verarbeitung in elektronischen Systemen.